あおい Dress

きょう、わたし は がっこう に いきます！にほん の がっこう に いきます！うれしい です！

「おかあさん！おかあさん！きょう は がっこう に いきます よ！」

「Lisa、きょう は げんき です ね。」

わたし は げんき です。わたし は Canada の がっこう が すき じゃありませんでした。だから、Canada では げんき じゃありませんでした。でも、きょう は げんき です。わたし は にほん が すき です。にほん の Anime が すき です。にほん の Anime で たくさん の がっこう を みました。にほん の Anime の がっこう は かわいい です。

だから、きょう は かわいい ふく を きます。

「おかあさん、わたし の あおい Dress は かわいい です か？わたし は その あおい Dress が すき です。」

「その あおい Dress は かわいい です よ。うれしい です。おかあさん も あおい Dress を きます。」

おかあさん も あおい Dress を きます か？ きょう は にゅうがくしき です。だから、おかあさん も わたし の がっこう に いきます。

わたし は あおい Dress が すき です。でも、みどり の Dress を きます。でも、だいじょうぶ です！きょう は にほん の がっこう に いきます！

Acknowledgements

I would like to thank all the people that supported me by purchasing and giving me feedback on my first book "Kai and Planet 0404." Without all that feedback and support, I never would have had the confidence and motivation to create this novel.

Of course the biggest thank you needs to go to my wonderful wife, Lisa Russell. She has been amazingly supportive of all my work, and the huge amounts of my time it can take up. In addition to her support, she is also my native-Japanese speaking editor and audiobook narrator. She even took on an additional role with this novel as the illustrator.
THANK YOU LISA.

Additional Formats

The following formats and readers are available through my website: www.easyjapanesestories.com

- Audio Book
- Complete English Translation (Pdf)
- Alternate version using both Katakana and Kanji

Copyright © 2019 by Matthew Russell

All rights reserved. No part of this publication may be reproduced, distributed, or transmitted in any form or by any means, including photocopying, recording, or other electronic or mechanical methods, without the prior written permission of the author, except in the case of brief quotations embodied in critical reviews and certain other noncommercial uses permitted by copyright law. For permission requests, write to the author at
easyjapanesestories@gmail.com

Quantity sales. Special discounts are available on quantity purchases by schools, bookstores, associations, and others. For details, contact the author at the email address above or visit:
www.easyjapanesestories.com

More Books for Japanese learners

Russellせんせい の たんぺんしゅう

A collection of 20 short stories designed for absolute beginners

- Only approx. 53 unique words*
- Each unique word used an average of 60 times**
- Teachers pack(sold separately) contains a class story and comprehension check story for each of the 5 chapters
- Teacher's pack class stories introduce new vocabulary in the same order as the student stories

カイとプラネット０４０４

Kai thought he was just a normal kid, with a normal pet dog, and a normal father. Follow Kai as he leaves earth behind and discovers the truth about his family. Kai and his pet "dog" travel to Planet 0404 and take the first steps on their quest to stop Lucifer

- Approx. 112 unique words*
- Both Kanji and Katakana are used extensively, but furigana is provided.
- Intended for intermediate learners. (about level 3)

Check my website and sign up for my mailing list to be notified as new resources become available

*Unique word count does not include particles, English, Katakana, or multiple conjugations of the same word.
**This count is based on a combination of the book as well as the class stories from the teacher pack(sold separately)

「Lisa、いきます よ。きょう は でんしゃ で いきます。」

おかあさん は でんしゃ が すき じゃありません。でも、くるま が ありません。わたし は うれしい です。にほん の Anime で たくさん の でんしゃ を みました。たくさん の Canada の せいと は くるま で がっこう に いきます。でも、たくさん の にほん の せいと は でんしゃ で いきます。

わたし と おかあさん は えき に いきました。えき で せいと を たくさん みました。でも、Dress を みませんでした。でんしゃ で せいと を たくさん みました。でも、Dress を みませんでした。

「おかあさん、その せいと の ふく は がっこう の せいふく です ね。」
「そう です ね。かわいい です ね。」
「おかあさん、わたし の がっこう は せいふく が あります か?」
「あります。でも、かいませんでした。」
「えっ!?かいませんでした か?」
「せいふく は たかい です よ。」
おかあさん は わたし の せいふく を かいませんでした か?
「おかあさん、にほん の がっこう の せいふく は かわいい です よ。」
「せいふく は たかい です よ。Lisa は かわいい ふく が たくさん あります ね。」
おかあさん は せいふく を かいませんでした!でも、だいじょうぶ です!きょう は にほん の がっこう に いきます!にほん の せいふく は かわいい です。でも、わたし の みどり の Dress も かわいい です。

「あっ！おかあさん！がっこう　の　えき　です！
かわいい　にほん　の　がっこう　に
いきます！」

あおい Dress の たんご (vocabulary)

- あおい　Blue
- あっ！　Ah!
- あります　There is / To have (object)
- ありません　There isn't / To not have (object)
- いきます　To go
- うれしい　Happy
- えき　Station (train)
- えっ　What?
- おかあさん　Mother
- か　(question marker)
- が　(subject marker)
- かいませんでした　Didn't buy
- がっこう　School
- かわいい　Cute
- きます　To wear/ Put on
- きょう　Today
- くるま　Car
- げんき（な）　Healthy / Energetic
- じゃありませんでした　Wasn't / Didn't
- すき　To like
- せいと　Student
- せいふく　Uniform
- そう です　That's right
- その〜　That〜/The〜
- だいじょうぶ　Okay
- たかい　Expensive
- だから　Therefore
- たくさん（の）　Many
- で　At / in (location marker)
- で　By / using
- です　Is / Am / Are
- では　At (Location+Topic marker)
- でも　But
- でんしゃ　Train
- と　And / With
- に　At / To (destination marker)
- にほん　Japan
- にゅうがくしき　Entrance Ceremony
- ね　Right?
- の　(possessive marker - 's)
- は　(topic marker)
- ふく　Clothes
- みどり（の）　Green
- みました　Saw
- みませんでした　Didn't see
- も　Also
- よ　(exclamation particle - "!")
- わたし　I
- わたし の　My
- を　(Direct object marker)

にほん の 7-11

えっ！？ここ は にほん の えき です が、7-11 が あります！

「おかあさん、7-11 が あります！いきたい です！」

「Lisa、7-11 は Canada にも たくさん あります よ。」

「でも、にほん の 7-11 です よ。いきたい です！」

「Lisa、なに が ほしい です か？」

「にほん の Coca-Cola の Slurpee が ほしい です！」

「Lisa は Coca-Cola の Slurpee が ほしい です か？わたし は Pepsi の Slurpee が すき です。」

「Pepsi は おいしくない です。 わたし は Coca-cola の Slurpee が ほしい です！」わたし と おかあさん は ７－１１ に いきました。

わたし は 「おいしい Slurpee を かいたい です！」と いいました。でも、おかあさん は 「おいしい Coffee を かいたい です！」と いいました。わたし の おかあさん は Coffee が すき です。でも、わたし は Coffee が すき じゃありません。Coffee は おいしくない です。

Coca-Cola の Slurpee が ほしかった です が、かいませんでした。Slurpee が ありません でした！ここ は ７－１１ です が、Slurpee が ありません！？にほん の ７－１１ には Slurpee が ありません？Coca-Cola の Slurpee が おいしい です！Coca-Cola の Slurpee が ほしい です！

にほん の おんなのこ も 7-11 に いました。にほん の おんなのこ に 「ここ に Slurpee は あります か?」と ききました。でも、おんなのこ は 「Slurpee? Slurpee は なん です か?」と いいました。
「おかあさん、ここ に Slurpee が ありません!」
「そう です ね。でも、だいじょうぶ です。ここ に おいしい Coffee が あります。」

「おかあさん、その あおい Can は Coffee です か?」
「はい、そう です。Can Coffee を かいました。Lisa は Can Coffee が ほしい です か? おいしい です よ。あげます よ。」
おかあさん は わたし に あおい Can Coffee を くれました。わたし は Can Coffee が

ほしくなかった です。わたし は Coffee が すき じゃありません。わたし は おいしい Slurpee が すき です。だから、Coca-Cola の Slurpee が ほしかった です。でも、だいじょうぶ です！きょう、わたし は にほん の かわいい がっこう に いきます！
「おかあさん、おいしくない Can Coffee は ほしくない です。かわいい がっこう に いきたい です！」

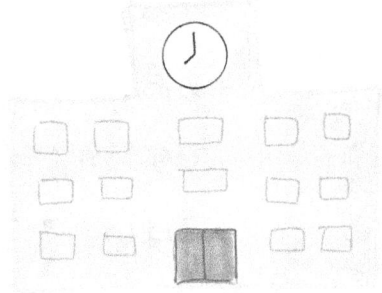

にほん の 7-11 の たんご

あおい　Blue
あげます　To give (away from speaker)
あります　There is / To have (object)
ありません　There isn't / To not have (object)
ありませんでした　There wasn't / Didn't have (object)
いいました　Said
いきたい　です　To want to go
いきました　Went
いきます　To go
いました　There was (person/animal) / (person/animal) was (somewhere)
えき　Station(train)
えっ　What?
おいしい　Delicious
おいしくない　Not delicious
おかあさん　Mother
おんなのこ　Girl
か　(question marker)
が　(subject marker)
が、　but,
かいたい　です　To want to buy
かいました　Bought
かいませんでした　Didn't buy
がっこう　School
かわいい　Cute
ききました　Asked
きょう　Today
くれました　Gave (towards speaker)
ここ　Here
じゃありません　Isn't / Doesn't
すき　To like
そう　です　That's right
その〜　That〜/The〜
だいじょうぶ　Okay
たくさん（の）　Many
です　Is / Am / Are
でも　But
と　And / With
と　(Quotation marker)
なに　What
なん　What
に　At / To (destination marker)
には　At (destination + topic marker)
にほん　Japan
にも　Also to / Also in
ね　Right?
の　(possessive marker - 's)
は　(topic marker)
はい　Yes
ほしい　To want
ほしかった　Wanted
ほしくない　To not want
ほしくなかった　Didn't want
も　Also
よ　(exclamation particle - "!")
わたし　I
わたし　の　My
を　(Direct object marker)

せいふく

がっこう に たくさん の せいと が いました。かわいい おんなのこ が わたし に
「おはようございます。どうして ここ に います か?」と ききました。
「おはようございます。わたし は ここ の せいと です。」
「でも、その Dress は ここ の せいふく じゃありません。」
わたし は おかあさん を みました。おかあさん は わたし の せいふく を かいませんでした。
だから、Dress を きました。でも、かわいい おんなのこ に いいませんでした。
「そう です が、わたし は みどり が すき です。」

「そう です か？わたし も みどり が すき です。わたし は かな です。よろしくおねがいします。」

「よろしくおねがいします。」

かわいい かなさん は がっこう に はいりました。

げんきな おとこのこ も わたし に

「おはようございます。どうして ここ に います か？」と ききました。

「おはようございます。わたし は ここ の せいと です。よろしくおねがいします。」

「よろしくおねがいします・・・。でも、その Dress は ここ の せいふく じゃありません。」わたし は おかあさん を みました。

どうして おかあさん は わたし の せいふく を かいませんでした か！？ わたし は せいふく が ほしい です。にほん の かわいい せいふく が ほしい

です。げんきな おとこのこ に 「おかあさん は わたし の せいふく を かいませんでした。」と いいたかった です。
でも、 いいませんでした。げんきな おとこのこ は わたし に 「でも、その Dress は かわいい です。わたし は みどり が すき です。」と いいました。
げんきな おとこのこ に なに を いいます か？「わたし も みどり が すき です！」と います か？えっ！？げんきな おとこのこ は いませんでした。でも、へんな おとこのこ が いました。
わたし は へんな おとこのこ に 「おはようございます。わたし は Lisa です。」と いいました。でも、へんな おとこのこ は 「おはようございます。」と いいません でした。
「どうして ここ に います か？」
「わたし は ここ の せいと です。よろしくおねがいします。」

「その　Dress　は　ここ　の　せいふく　じゃありません　よ。」
「そうです　ね。」
「Dress　は　だいじょうぶ　じゃありません　よ。」
「わたし　の　おかあさん　は　せいふく　を　かいませんでした。」
「Dress　は　だいじょうぶ　じゃありません　よ。」
「せいふく　は　たかい　です。」
「Dress　は　だいじょうぶ　じゃありません　よ。」
わたし　は　この　せいと　が　すき　じゃありません。わたし　は　おかあさん　に「おかあさん、きょう　せいふく　を　かいたい　です。」と　いいました。
「Lisa、せいふく　は　たかい・・・」
「おかあさん！Dress　は　だいじょうぶ　じゃありません！！きょう　せいふく　を　かいたい　です！」

「Okay・・・、きょう Shopping Center に いきます。」

「いま Shopping Center に いきます か?」

「いま は Class が あります。だから、いま Shopping Center に いきません。」

わたし は せいふく が ありません。でも、Class に いきます?せいふく が ほしい です!・・・・・・ でも、だいじょうぶ です。わたし は にほん の かわいい がっこう に います。わたし は おかあさん に 「がっこう の げんかん に はいります よ!」と いいました。

せいふく の たんご

ありません　There isn't / To not have (object)
いいたかった　です　Wanted to say
いいました　Said
いいます　To say
いいませんでした　Didn't say
いきます　To go
いま　Now
いました　There was (person/animal)
います　There is (person/animal)
いませんでした　There wasn't (person/animal)
えっ　What?
おかあさん　Mother
おとこのこ　Boy
おはようございます　Good Morning
おんなのこ　Girl
か　(question marker)
が　(subject marker)
が、　but,
かいたい　です　To want to buy
かいませんでした　Didn't buy
がっこう　School
かわいい　Cute
ききました　Asked
きました　Wore / Put on
きょう　Today
げんかん　Entryway
げんき（な）　Healthy / Energetic
ここ　Here
この〜　This 〜
さん　(Added on to end of name to be polite)

じゃありません　Isn't / Doesn't
すき　To like
せいと　Student
せいふく　Uniform
そう　です　That's right
その〜　That〜/The〜
だいじょうぶ　Okay
たかい　Expensive
だから　Therefore
たくさん（の）　Many
です　Is / Am / Are
でも　But
と　(Quotation marker)
どうして　Why
なに　What
に　At / To (destination marker)
にほん　Japan
の　(possessive marker - 's)
は　(topic marker)
はいりました　Entered
はいります　To enter
へん（な）　Strange
ほしい　To want
みどり（の）　Green
みました　Saw
も　Also
よ　(exclamation particle - "!")
よろしくおねがいします　Nice to meet you**
わたし　I
わたし　の　My
を　(Direct object marker)

**no direct translation – translated from context

うわぐつ

おかあさん と いっしょ に がっこう の げんかん に はいりました。げんかん に げんきな おとこのこ は いませんでした。でも、かわいい かなさん と へんな おとこのこ が いました。かなさん は わたし に 「Lisa、その Pink の Boots は かわいい です ね。」と いいました。
「わたし は Pink が すき です。」
「わたし も Pink が すき です。でも、Lisa、うわぐつ も あります ね。」
うわぐつ？？？おかあさん は わたし に うわぐつ を くれませんでした。わたし は おかあさん に 「おかあさん、わたし の

うわぐつ を かいました ね？」と ききましたが、おかあさん は 「きのう Shopping Center に いきました が、うわぐつ は たかかったです。」と いいました。おかあさん は せいふく も うわぐつ も かいませんでした！？
「かなさん、Pink の Boots は だいじょうぶ です か？」
「その Boots は かわいい です が・・・」
「かなさん、Boots は だいじょうぶ じゃありませんか？」
わたし は かなさん に ききました が、へんな おとこのこ が 「だいじょうぶ じゃありません よ。Dress も Boots も だいじょうぶ じゃありません よ。」と いいました。わたし は おかあさん に 「おかあさん、 Boots は だいじょうぶ じゃありません。」と いいました。
「そう です ね。」

「でも、おかあさん は わたし の うわぐつ を かいませんでした か?」
「そう です ね。」
「Boots は だいじょうぶ じゃありません が、わたし は うわぐつ が ありません・・・」
「そう です ね。」
「おかあさん！！！」
「Lisa、わたし も うわぐつ が ありません。でも、だいじょうぶ です。」
「だいじょうぶ です か?」
「にほん の げんかん に Slippers が あります。がっこう の げんかん に Slippers が たくさん あります よ。」
Slippers？？？がっこう の Slippers は かわいくない です。

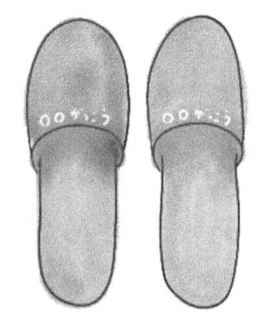

わたし は せいふく も うわぐつ も ありません？でも、だいじょうぶ です！いま、

わたし は かわいい にほん の がっこう に います。かわいくない Slippers で にゅうがくしき に いきます！「かなさん、おかあさん、にゅうがくしき に いきたい です！」

うわぐつ の たんご

あります	There is / To have (object)
ありません	There isn't / To not have (object)
いいました	Said
いきたい です	To want to go
いきました	Went
いきます	To go
いっしょ（に）	Together
いま	Now
いました	There was (person/animal)
います	There is (person/animal)
いませんでした	There wasn't (person/animal)
うわぐつ	Indoor shoes
おかあさん	Mother
おとこのこ	Boy
か	(question marker)
が	(subject marker)
が、	but,
かいました	Bought
かいませんでした	Didn't buy
がっこう	School
かわいい	Cute
かわいくない	Not Cute
ききました	Asked
きのう	Yesterday
くれませんでした	Didn't give (towards speaker)
げんかん	Entryway
げんき（な）	Healthy / Energetic
さん	(Added on to end of name to be polite)
じゃありません	Isn't / Doesn't
すき	To like
せいふく	Uniform
そう です	That's right
その〜	That〜
だいじょうぶ	Okay
たかかった	Was expensive
たくさん（の）	Many
で	By / using
です	Is / Am / Are
でも	But
と	And / With
と	(Quotation marker)
に	At / To (destination marker)
にほん	Japan
にゅうがくしき	Entrance Ceremony
ね	Right?
の	(possesive marker - 's)
は	(topic marker)
はいりました	Entered
へん（な）	Strange
も	Also
よ	(exclamation particle - "!")
わたし	I
わたし の	My
を	(Direct object marker)

にゅうがくしき？

わたし は うれしい です。Canada の がっこう は にゅうがくしき が ありません。わたし は かなさん に 「にゅうがくしき は どこ です か？」と ききました。でも、かなさん は 「にゅうがくしき？きょう は にゅうがくしき が ありません。」と いいました。
えっ？ここ は にほん の がっこう です が、にゅうがくしき が ありません？
「かなさん、にほん の がっこう は にゅうがくしき が ありません か？」
「にほん の がっこう は にゅうがくしき が あります。」
「でも、この がっこう は にゅうがくしき が ありません か？」

「この がっこう も にゅうがくしき が ありました よ。きのう でした。」

「きのう でした か!?」

わたし は うれしくない です。にゅうがくしき が ありました が、おかあさん は わたし に いいませんでした。わたし は にゅうがくしき に いきませんでした?

「おかあさん、どうして いいませんでした か? どうして きのう にゅうがくしき に いきませんでした か?」

「Lisa、うれしくない です か?」

「うれしくない です よ!どうして きのう にゅうがくしき に いきませんでした か?」

「Lisa、にゅうがくしき は たのしくない です。だから、にゅうがくしき に いきませんでした。」

わたし は うれしくなかった です。わたし は せいふく が ありません。わたし は うわぐつ も ありません。わたし は にゅうがくしき に いきませんでした。

「おかあさん！にほん の がっこう の せいと は せいふく も うわぐつ も かいます。にほん の がっこう の せいと は にゅうがくしき に いきます。」

「そう です ね。」

「いま、せいふく も うわぐつ も かいたい です！」

「いま、かいません。」

「どうして！？」

「わたし は せんせい です。いま Class が あります。」

「えっ！？おかあさん も きょう Class が あります か？」

「はい、いま あります。」
「どうして わたし の がっこう に います か?」
「ああ、きのう いいませんでした か? 」
「えっ?きのう なに を いいませんでした?」
「わたし は この がっこう の せんせい です。わたし は Lisa の えいご の せんせい です。」
「えええぇ????この がっこう??わたし の せんせい???」
「Lisa、 いま えいご の Class が あります。Class に いきます よ!」

にゅうがくしき？　の　たんご

ああ　Oh
ありました　There was / Had (object)
あります　There is / To have (object)
ありません　There isn't / To not have (object)
いいました　Said
いいませんでした　Didn't say
いきます　To go
いきませんでした　Didn't go
いま　Now
います　There is (person/animal)
うれしい　Happy
うれしくない　Not happy
うれしくなかった　Wasn't happy
うわぐつ　Indoor shoes
えいご　English
えええぇ？？？？　Whaat????
えっ　What?
おかあさん　Mother
か　(question marker)
が　(subject marker)
が、　but,
かいたい　です　To want to buy
かいます　To buy
かいません　To not buy
がっこう　School
ききました　Asked
きのう　Yesterday
きょう　Today
ここ　Here
この〜　This 〜
さん　(Added on to end of name to be polite)
せいと　Student
せいふく　Uniform
せんせい　Teacher
そう　です　That's right
だから　Therefore
たのしくない　Wasn't fun
でした　Was / Were
です　Is / Am / Are
でも　But
と　(Quotation marker)
どうして　Why
どこ　Where
なに　What
に　At / To (destination marker)
にほん　Japan
にゅうがくしき　Entrance Ceremony
の　(possessive marker - 's)
は　(topic marker)
はい　Yes
も　Also
よ　(exclamation particle - "!")
わたし　I
わたし　の　My
を　(Direct object marker)

えいご

おかあさん は 「みんな、おはようございます。わたし は みんな の えいご の せんせい です。よろしくおねがいします。」と いいました。わたし は うれしかった です。おかあさん は 「わたし は Lisa の おかあさん です。」 と いいませんでした。おかあさん は はずかしい こと を いいませんでした。だから、えいご の Class は だいじょうぶ でした。でも、Homeroom は だいじょうぶ じゃありません でした。
わたし は Homeroom の Class に

いきました。わたし は うれしくなかった です。かなさん が わたし の Homeroom に いませんでした。でも、へんな おとこのこ が いました。へんな おとこのこ に 「この Homeroom の せんせい は たのしい せんせい です か？」と ききました。
「はははは・・・この Homeroom の せんせい は たのしくない です よ。この Homeroom の せんせい は Lisa の おかあさん です よ。」
「わたし の Homeroom の せんせい は わたし の おかあさん！？」
わたし の おかあさん が Homeroom の Class に はいりました！おかあさん は 「みんな、おはようございます。わたし は この Homeroom の せんせい です。」と いいました。
おかあさん は はずかしい こと も いいました。

「みんな、その　かわいい　おんなのこ　は　Lisa　です。わたし　は　Lisa　の　おかあさん　です。」
わたし　は　「おかあさん！Stop!」と　いいたかった　です。はずかしかった　です。でも、おかあさん　は　「かわいい　Lisa　は　ともだち　が　ほしい　です。にほん　の　ともだち　が　ほしい　です。」と　いいました。
Class　の　みんな　が　わたし　を　みました。
「おかあさん！！」
「Lisa、だいじょうぶ　です　か？」
「だいじょうぶ！？だいじょうぶ　じゃありませんよ！」
「Lisa、どうして　だいじょうぶ　じゃありませんか？」
「どうして！？！？どうして！？！？おかあさん　は　わたし　の　せいふく　を　かいませんでした！！」
「Lisa、せいふく　は　たかい　です。」

「おかあさん は わたし の うわぐつ を かいませんでした！」

「Lisa、うわぐつ も たかい です。」

「おかあさん は みんな に 『Lisa は ともだち が ほしい です。』と いいました！」

「Lisa は ともだち が ほしくない ですか？」

「わたし は おとうさん の ところ に いきたい です！」

「Lisa の おとうさん は へん です よ。」

「わたし は おとうさん の ところ に いきたい です！」

「Lisa、Canada に ともだち が いませんでした。でも、この がっこう に たくさん の ともだち が います よ。」

「この がっこう に ともだち が いません！」

「へんな おとこのこ も げんきな おとこのこ も かな も Lisa の ともだち じゃありません か?」
「ともだち じゃありません よ！おかあさん も この がっこう も すき じゃありません！わたし は おとうさん の ところ に いきたい です。おとうさん が すき です。でも、おとうさん は Canada に います。いま、Canada に いきます！」
Lisa は Class から はしりだしました。

えいご の たんご

いいたかった です Wanted to say
いいました Said
いいませんでした Didn't say
いきたい です To want to go
いきました Went
いきます To go
いま Now
いました There was (person/animal)
いません There isn't (person/animal)
いませんでした There wasn't (person/animal)
うれしかった Was Happy
うれしくなかった Wasn't happy
うわぐつ Indoor shoes
えいご English
おかあさん Mother
おとうさん の ところ Place where father is
おとこのこ Boy
おはようございます Good Morning
か (question marker)
が (subject marker)
かいませんでした Didn't buy
がっこう School
から From
かわいい Cute
ききました Asked
こと Thing(s)
この〜 This 〜
さん (Polite ending for names)
じゃありませんでした Wasn't /Didn't
すき To like
せいふく Uniform
せんせい Teacher
だいじょうぶ Okay
たかい Expensive
だから Therefore
たくさん（の） Many
たのしい Fun
でした Was / Were
です Is / Am / Are
でも But
どうして Why
ところ Place
ともだち Friend
に At / To (destination marker)
にほん Japan
の (possessive marker - 's)
は (topic marker)
はいりました Entered
はしりだしました Started to run
はずかしい Embarrassing
はずかしかった Was embarrassing
へん（な） Strange
ほしい To want
ほしくない To not want
みました Saw
みんな Everyone
も Also
よ (exclamation particle - "!")
よろしくおねがいします Nice to meet you**
わたし I
わたし の My
を (Direct object marker)

**no direct translation. Translated from context.

えき は どこ？

がっこう から はしりだしました。わたし は くるま が ありません。だから、えき に いきたかった です。でんしゃ で くうこう に いきます。でも、えき は どこ でした か？ Recycle Shop に Handsome な ひと が いました。だから、Recycle Shop に はいりました。Recycle Shop の Handsome な ひと に 「えき は どこ です か？」 と ききました。でも、Recycle Shop の Handsome な ひと は 「Sorry、no English」 と いいました。
「ええ？『えき は どこ です か』と いいました！」
「Sorry、no English」
「えいご じゃありませんでした よ！」
「Sorry, no English」

「あああああ！！！！」

Recycle shop から はしりだしました。えき は どこ です か！？Mcdonalds に ひと が いました。Handsome な ひと じゃありませんでした。でも、Mcdonalds に はいりました。Mcdonalds の ひと に 「えき は どこ です か？」と ききました。

「えき は Supermarket の ちかく です。」

「Supermarket は どこ です か？」

「Supermarket は ７－１１ の ちかく です。」

「７－１１ は どこ です か？」

「７－１１ は えき の ちかく です。」

「えき は どこ です か？」

「えき は Supermarket の ・・・」

「あああああ！！！！えき は どこ！！？？」

わたし は Mcdonalds から はしりだしました。えき に いきたい です！えき は どこ です か！？

ちかく に かわいい おんなのひと が いました。おんなのひと の ところ に はしりました。かわいい おんなのひと に 「えき は どこ です か?」と ききました。おんなのひと は 「えき は Supermarket の ちかく です。」と いいました。
「Supermarket は どこ です か?」
「だいじょうぶ です か?」
「だいじょうぶ です。Supermarket は どこ です か?」
「いま、がっこう は ありません か? おかあさん と おとうさん は どこ です か?」
「・・・でんしゃ で おとうさん の ところ に いきます。えき は どこ です か?」
「わたし も えき に いきます。くるま で いっしょ に いきます か?」
「くるま で いっしょ に いきたい です!ありがとうございます!よろしくおねがいします!」

わたし は その かわいい おんなのひと と いっしょ に みどり の くるま で えき に いきました。
「ああ！えき です！」

えき は どこ？ の たんご

ああ！　Ah!
ああああ！！！！　AAAAHHH!!!!
ありがとうございます　Thank you
ありません　There isn't / To not have (object)
いいました　Said
いきたい　です　To want to go
いきたかった　です　Wanted to go
いきました　Went
いきます　To go
いっしょ（に）　Together
いま　Now
いました　There was (person/animal)
えいご　English
ええ？　Huh?
えき　Station(train)
おとうさん　Father
おとうさん　の　ところ　Place where father is
おんなのひと　Woman
おんなのひと　の　ところ　Place where woman is
か　(question marker)
が　(subject marker)
がっこう　School
から　From
かわいい　Cute
ききました　Asked
くうこう　Airport
くるま　Car
じゃありませんでした　Wasn't / Didn't
だいじょうぶ　Okay
だから　Therefore
ちかく　Nearby
で　By / using
でした　Was / Were
です　Is / Am / Are
でも　But
でんしゃ　Train
と　(Quotation marker)
と　And / With
どこ　Where
ところ　Place
に　At / To (destination marker)
の　(possessive marker - 's)
は　(topic marker)
はいりました　Entered
はしりだしました　Started to run
ひと　Person
みどり（の）　Green
も　Also
よ　(exclamation particle - "!")
よろしくおねがいします　Please/Thank you**
わたし　I

**no direct translation. Translated from context.

にほん の でんしゃ

「えき です！」
かわいい おんなのひと と いっしょ に えき に はいりました。かわいい おんなのひと は わたし に 「Ticket は あります か？」と ききました。
「いま、Ticket は ありません。でも、Ticket を かいます。」
「おかね は あります か？」
「おかね は ありません。でも、 Credit Card が あります。」
「Credit Card？」
「おかあさん の Credit Card です。きのう おかあさん が わたし に くれました。」

かわいい　おんなのひと　と　いっしょ　に　Ticket　の　Counter　に　はしりました。わたし　は　でんしゃ　の　Ticket　を　かいました。わたし　は　おんなのひと　に　「ありがとうございます。」と　いいました。かわいい　おんなのひと　は　えき　の　ちかく　の　Supermarket　に　いきました。
わたし　は　でんしゃ　の　Ticket　が　あります！でも、でんしゃ　に　いきませんでした。この　えき　には　Shopping Center　が　ありました。わたし　は　おかあさん　の　Credit Card　が　あります！だから、でんしゃ　に　いきませんでした。わたし　は　Credit Card　で　あおい　Dress　を　かいました。かわいい　ふく　を　たくさん　かいました。たのしかった　です。おいしい　Ice cream crepe　も　かいました。わたし　は　うれしい　です。いま、わたし　は　おかあさん　と　いっしょ　に　いません。でも、Credit Card　が　あります。だから、だいじょうぶ

です。Credit Card は たのしい です。Credit Card は はずかしい こと を いいません。

Credit Card で かわいい ふく を たくさん かいました。おいしい Ice cream crepe も かいました。だから、うれしい です。
Shopping は たのしかった です。でも、Canada に いきたい です。おとうさん の ところ に いきたい です。だから、わたし は でんしゃ に はいりました。この でんしゃ で くうこう に いきます。

にほん の でんしゃ の たんご

あおい　Blue
ありがとうございます　Thank you
ありました　There was / Had (object)
あります　There is / To have (object)
ありません　There isn't / To not have (object)
いいました　Said
いいません　To not say
いきたい　です　To want to go
いきました　Went
いきます　To go
いきませんでした　Didn't go
いっしょ（に）　Together
いま　Now
いません　There isn't (person/animal)
うれしい　Happy
えき　Station(train)
おいしい　Delicious
おかあさん　Mother
おかね　Money
おとうさん　Father
おとうさん　の　ところ　Place where father is
おんなのひと　Woman
か　(question marker)
が　(subject marker)
かいました　Bought
かいます　To buy
かわいい　Cute

きのう　Yesterday
くうこう　Airport
くれました　Gave (towards speaker)
こと　Thing(s)
この〜　This 〜
だいじょうぶ　Okay
だから　Therefore
たくさん（の）　Many
たのしい　Fun
たのしかった　Was fun
ちかく　Nearby
で　By / using
です　Is / Am / Are
でも　But
でんしゃ　Train
と　(Quotation marker)
と　And / With
ところ　Place
に　At / To (destination marker)
にほん　Japan
の　(possessive marker - 's)
は　(topic marker)
はいりました　Entered
はずかしい　Embarrassing
ふく　Clothes
も　Also
わたし　I
を　(Direct object marker)

くうこう

くうこう に はいりました。わたし は うれしい です。Canada に いきます。たのしい おとうさん の ところ に いきます。うれしい です。おかあさん は いっしょ に いません。でも、だいじょうぶ です よね？

くうこう の Counter に はしりました。くうこう の Counter の ひと に 「Canada に いきたい です。Ticket を かいたい です。」と いいました。

「おかね は あります か？」

「はい、おかあさん の Credit Card が あります。」

「Passport は？」

「えっ！？Passport！？Passport は いま ありません・・・」

「おかあさん は どこ です か？ おとうさん は どこ です か？だいじょうぶ です か？」

「はい、だいじょうぶ です。」

「おかあさん は どこ です か？おとうさん は？」

「おとうさん は いま Canada に います。だから、Canada に いきたい です。」

「でも、Passport は・・・」

「Passport は ありません。でも、Canada に いきたい です！」

「でも、Passport は・・・」

「Canada に いきたい です！」

「Ticket を あげません。でも、この みどり の Lollipop を あげます。」

くうこう の Counter の ひと が わたし に Lollipop を くれました！

「ありがとうございます・・・・・・？？？」
みどり？みどり の Lollipop は おいしくない です。わたし は Lollipop を みました。Lollipop は Ticket じゃありません！Ticket が ほしかった です。おとうさん の ところ に いきたい です！
「Lisa！！！Lisa！！！」
えっ？だれ が 「Lisa！」 と いいました か？
「Lisa！！！Lisa！！！」

くうこう の たんご

あげます　To give (away from speaker)
ありがとうございます　Thank you
あります　There is / To have (object)
ありません　There isn't / To not have (object)
いいました　Said
いきたい　です　To want to go
いきます　To go
いっしょ（に）　Together
いま　Now
います　There is (person/animal)
いません　There isn't (person/animal)
うれしい　Happy
えっ　What?
おいしくない　Not delicious
おかあさん　Mother
おかね　Money
おとうさん　Father
おとうさん　の　ところ　Place where father is
か　(question marker)
が　(subject marker)
かいたい　です　To want to buy
くうこう　Airport
くれました　Gave (towards speaker)
この〜　This 〜
じゃありません　Isn't / Doesn't
だいじょうぶ　Okay
だから　Therefore
たのしい　Fun
だれ　Who
です　Is / Am / Are
でも　But
と　(Quotation marker)
どこ　Where
ところ　Place
に　At / To (destination marker)
の　(possessive marker - 's)
は　(topic marker)
はい　Yes
はいりました　Entered
はしりました　Ran
ひと　Person
ほしかった　Wanted
みどり（の）　Green
みました　Saw
よね　Right!?
わたし　I
を　(Direct object marker)

Canada??がっこう？？

「Lisa！！！Lisa！！！」
かなさん でした！かなさん が この くうこう に いました！わたし は かなさん の ところ に はしりました。
「かなさん？どうして くうこう に いますか？」
「おかあさん が 『Lisa は でんしゃ で くうこう に いきます。』と いいました。」
「えっ！？でも、わたし の おかあさん に いいませんでした。」
「Lisa の おかあさん じゃありませんでした。」
「ええ？？」

「Lisa は おんなのひと と いっしょ に みどり の くるま で えき に いきました ね。」
「はい。」
「その おんなのひと は わたし の おかあさん でした。」
「えええええ！！！？？？」
「Lisa、どうして がっこう から はしりだしました か？」
「わたし の おかあさん は はずかしい こと を いいました。」
「はずかしい こと？」
「おかあさん は 『みんな、Lisa は ともだち が ほしい です。』 と いいました。」
「どうして はずかしい です か？」
「はずかしい です よ。」
「でも、みんな ともだち が ほしい です。わたし も ともだち が ほしい です よ。」
「わたし は ともだち が いません。だから、はずかしい です。」

「Lisa は ともだち が います よ。わたし は Lisa の ともだち です。」
ええ？かなさん は わたし の ともだち ですか！？うれしい です。わたし は にほん の ともだち が ほしかった です。
「かなさん、ありがとうございます。うれしい です。でも、がっこう に いきません。」
「どうして？」
「わたし は はずかしい です。わたし は せいふく が ありません。うわぐつ も ありません。」
「ああ・・・はずかしい です ね。」
「そう です よ。」
「でも、だいじょうぶ です。」
「だいじょうぶ です か？ どうして？」
「わたし の せいふく と うわぐつ を Lisa に あげます！」
かなさん は わたし に せいふく と うわぐつ を くれます！わたし は うれしい です！かなさん は わたし の ともだち

です！にほん に ともだち が います！わたし は せいふく も うわぐつ も あります！
「ありがとうございます！いま、せいふく を きます。」
かなさん と いっしょ に くうこう の Toilet に はしりました。Toilet で せいふく を きました。かわいい です！
かなさん は 「かわいい です ね！」と いいました。
「かなさん、ありがとうございます！うれしい です！でも、かなさん は なに を きます か？」
「Lisa、その みどり の Dress を くれます か？」
「あげます よ！」
かなさん は わたし の Dress を きました。かわいい です！わたし は うれしい です！！！

「かなさん、がっこう に いきたい です!
おかあさん の Credit Card で でんしゃ の
Ticket を かいます!」

Canada？？がっこう？？ の たんご

ああ　Ah
あげます　To give (away from speaker)
ありがとうございます　Thank you
あります　There is / To have (object)
ありません　There isn't / To not have (object)
いいました　Said
いいませんでした　Didn't say
いきたい　です　To want to go
いきました　Went
いきます　To go
いきません　To not go
いっしょ（に）　Together
いま　Now
いました　There was (person/animal)
います　There is (person/animal)
いません　There isn't (person/animal)
うれしい　Happy
うわぐつ　Indoor shoes
ええ？？　Huh??
えええええ！！！？WHAAAT!!??
えき　Station(train)
えっ　What?
おかあさん　Mother
おんなのひと　Woman
か　(question marker)
が　(subject marker)
かいます　To buy
がっこう　School
から　From
かわいい　Cute
きました　Wore / Put on
きます　To wear/ Put on
くうこう　Airport
くるま　Car
くれます　To give (towards speaker)
こと　Thing(s)
この〜　This 〜
さん　(Polite name ending)
じゃありませんでした　Wasn't / Didn't
せいふく　Uniform
そう　です　That's right
その〜　That〜/The〜
だいじょうぶ　Okay
だから　Therefore
で　At / in (location marker)
で　By / using
でした　Was / Were
です　Is / Am / Are
でも　But
でんしゃ　Train
と　(Quotation marker)
と　And / With
どうして　Why
ところ　Place
ともだち　Friend
なに　What
に　At / To (destination marker)
にほん　Japan
ね　Right?
の　(possessive marker - 's)
は　(topic marker)

はい　　Yes
はしりだしました Started to run
はしりました　　Ran
はずかしい　　Embarrassing
ほしい　To want
ほしかった　　Wanted
みんな　　Everyone
も　　Also
よ　　(exclamation particle - "!")
わたし　I
わたし　の　　My
を　　(Direct object marker)

www.ingramcontent.com/pod-product-compliance
Lightning Source LLC
Chambersburg PA
CBHW071917070526
44583CB00016B/2026